AF124758

BEI GRIN MACHT SICH IHR WISSEN BEZAHLT

- Wir veröffentlichen Ihre Hausarbeit, Bachelor- und Masterarbeit

- Ihr eigenes eBook und Buch - weltweit in allen wichtigen Shops

- Verdienen Sie an jedem Verkauf

Jetzt bei www.GRIN.com hochladen und kostenlos publizieren

Bibliografische Information der Deutschen Nationalbibliothek:

Die Deutsche Bibliothek verzeichnet diese Publikation in der Deutschen National-
bibliografie; detaillierte bibliografische Daten sind im Internet über http://dnb.d-
nb.de/ abrufbar.

Impressum:

Copyright © 2017 GRIN Verlag, Open Publishing GmbH
Druck und Bindung: Books on Demand GmbH, Norderstedt Germany
ISBN: 9783668460843

Dieses Buch bei GRIN:

http://www.grin.com/de/e-book/367141/lernzettel-fuer-das-landesabitur-2017-im-
leistungskurs-politik-und-wirtschaft

Anonym

Lernzettel für das Landesabitur 2017 im Leistungskurs Politik und Wirtschaft in Hessen

GRIN Verlag

GRIN - Your knowledge has value

Der GRIN Verlag publiziert seit 1998 wissenschaftliche Arbeiten von Studenten, Hochschullehrern und anderen Akademikern als eBook und gedrucktes Buch. Die Verlagswebsite www.grin.com ist die ideale Plattform zur Veröffentlichung von Hausarbeiten, Abschlussarbeiten, wissenschaftlichen Aufsätzen, Dissertationen und Fachbüchern.

Besuchen Sie uns im Internet:

http://www.grin.com/

http://www.facebook.com/grincom

http://www.twitter.com/grin_com

1

Q1

Preisbildung in unterschiedlichen Marktformen

- Monopol
  - o Auf Markt nur ein Anbieter
  - o Absatz hängt von seinem Preis ab
  - o Keine Konkurrenz
  - o Kann nicht Preis und Menge der Produkte gleichzeitig festsetzen
    - Kunden kaufen weniger wenn Preis teuer ist (Preis-Absatz-Kurve)
    - Steht vor fallender Nachfragekurve auf Preishöhepunkt
  - o Muss bei zu hohen Preisen mit Entstehung von „latenter Konkurrenz" rechnen
  - o Kein Monopol ist wenn von Preisen anderer Anbieter abhängt
    - Klassische Monopole Post und Bahn
    - Keine Monopole Bahn und Lufthansa
  - o Klassisches Nachfragemonopol
    - Staat bei Rüstungsunternehmen
- Oligopol
  - o Auf Markt einige Anbieter
  - o Absatz hängt vom Preis der anderen Anbieter ab
  - o Vorherrschende Marktform in einer modernen Wirtschaft
  - o Oligopolist musst bei Preissetzung Kunden und Konkurrenz berücksichtigen
  - o Preise des Oligopols von anderen bestimmt
  - o Gewinnkurve hängt im Wesentlichen von effizienter Fertigung ab
  - o Klassische Oligopole Automarken, Tankstellen
- Vollkommener Polypol
  - o Auf Markt herrscht „vollkommene Konkurrenz"
  - o Auf jeden Markt große Anzahl an Anbietern
  - o Nachfrage verteilt sich gleich
  - o Individuelle Größe ist für Gesamtkapazität von Angebot und Nachfrage ist sehr gering
  - o Alle Anbieter handeln identisch (gute/wertvolle) Güter
  - o Anbieter ist über alle Preise bestens informiert (zur Preisbildung)
  - o Höchste Transparenz bei Preisbildung
  - o Kunde zieht keinen Anbieter einem Anderen vor

Wozu braucht man Wettbewerb?

- Mehr Auswahl/Produktvielfalt
- Preiskampf
- Mehr Innovation/Entwicklung
- Entmachtung und Zerschlagung zu großer Monopole
- Mehr Auswahlkriterien für Produkte

Vorteile der Unternehmenskonzentration

- Stückkosten der Produktion sinken bei steigender Betriebsgröße (Größenvorteil
- Mehr Wettbewerbsfähigkeit für internationales Konkurrieren
- Mehr Produkte werden in einer Firma hergestellt, dies führt zu geringeren Gesamtkosten (Diversifizierungsvorteil)
- Größere Firmen erhalten von Banken leichter Kredite (Finanzierungsvorteil)
- Bessere staatliche Rahmenbedingungen als keine Firmen
  - Große Firmen werden eher durch Subventionen gefördert
- Größere Firmen sind in der Regel weniger anfällig für konjunkturelle Schwankungen

Die wichtigsten Aufgaben des Bundeskartellamtes

- Durchsetzung des Kartellverbotes
  - Rechtmäßigkeit von Kartellen wird geprüft
    - Genehmigen und Verbot von Kartellen
  - Abgestimmte Verhaltensweisen und inoffizielle Absprachen verbieten
- Fusionskontrolle
  - Fusionen müssen vom Bundeskartellamt genehmigt werden wenn:
    - Ein Marktanteil von mehr als 20% entstehen würden
    - Die beteiligten Unternehmen mindestens 10.000 Beschäftigte haben
    - Die fusionierenden Unternehmen einen jährlichen Umsatz von mehr als 500 Millionen Euro haben
    - Wenn durch die Fusion der Wettbewerb verschlechtert werden würde, wird die Fusion untersagt (Ausnahmen, falls volkswirtschaftliche Interessen die Fusion rechtfertigen)
      - Urteile können beim Bundeswirtschaftsministerium angefochten werden
- Die Missbrauchsaufsicht über marktbeherrschende Unternehmen
  - Verhindert Ausnutzung von marktbeherrschenden Position durch z.B. höhere Preise
  - Monopolkommission

Konjunkturzyklus

- Ähnelt einer Sinus-Kurve mit Auf- und Abschwüngen
- Vier verschiedene Phasen
  - 1. Aufschwung/Expansion
    - Aufgrund niedriger Preise und Zinsen nehmen die private Nachfrage und Investitionstätigkeit der Unternehmen zu
    - Die Produktion wird ausgeweitet
    - Mehr Arbeitskräfte benötigt; Arbeitslosigkeit sinkt
    - Das Volkseinkommen steigt
  - 2. Hochkonjunktur/Boom
    - Hoher Beschäftigungsgrad, Aktienkurse steigen zunächst
    - Die Produktion nimmt ab einem Punkt nicht mehr zu wegen Auslastung betrieblicher Kapazitäten
      - Wendepunkt

- Aufgrund von Produktionsengpässen kommt es zu Preiserhöhungen
- Gleichzeitig steigen Zinsen auf dem Geld- und Kapitalmärkten
- Nachfrage und Investitionstätigkeiten gehen zurück
  - 3. Abschottung/Depression
    - Die vorher zu hohen Zinsen getätigten Investitionen der Unternehmen erweisen sich als unrentabel
    -
    - Die Unternehmen geraten in finanzielle Schwierigkeiten
    - Die Beschäftigung sinkt, gleichzeitig sinkt die Nachfrage weiter
  - 4. Depression/Tiefstand
    - Stillstand der Wirtschaft
    - Unterauslastung des Produktionspotentials
    - Hohe Arbeitslosigkeit, d.h. geringes Volkseinkommen
    - Zinsen und Preise gehen zurück
      - Basis für neuen Aufschwung

Keynes Theorie und sein Weg aus der Krise

- Widersprach klassischen Wirtschaftstheorien
  - Marktmechanismus tendiert angeblich automatisch zur Vollbeschäftigung
    - Keine anhaltende Arbeitslosigkeit
- Arbeitslosigkeit entsteht durch zu geringe Nachfrage
- Der Markt alleine kann nicht für mehr Nachfrage sorgen
  - Staat muss für mehr Nachfrage sorgen damit ein Gleichgewicht zwischen Angebot und Nachfrage entsteht
- Staat soll sich mit der Finanzpolitik antizyklisch zum Konjunkturverlauf verhalten
- Ziele:
  - Stabilisierung der Wirtschaftszyklen
  - Arbeitslosigkeit senken
  - Nachfrage stärken und bedienen
- Instrumente:
  - Bei schwacher Konjunktur: Nachfrage beleben
    - Staatliche Investitionen erhöhen
      - z.B. durch Investitionen in die öffentliche Infrastruktur: Schulen, Straßen, Krankenhäuser,…
    - Durch Steuersenkung Nachfrage erhöhen
      - Bürger hat mehr Geld zum Ausgeben
    - Staat macht bei schwacher Konjunktur Schulden
      - Folgen wirtschaftlicher Rezession können so gedämpft werden
    - Bei starker Konjunktur erhöht er die Steuern und senkt die Staatsausgaben
  - Bei starker Konjunktur: Nachfrage dämpfen
    - Steuererhöhungen
    - Lohnsteigerungen
- Probleme:
  - Unkalkulierbare Wirtschaftsverzögerungen
    - Konjunkturschwankungen könnten verstärkt, nicht gebremst werden

Keynes Weg aus der Krise (Tafelergänzung)

- Keynes geht in seiner Theorie von der Weltwirtschaftskrise ab 1929 aus
- Klassische Theorie:
  - Löhne müssen sinken, um mehr Beschäftigung zu schaffen
- Keynes sieht als Ursache für die Arbeitslosigkeit einen Rückgang in der Produktion, diese hänge wiederum von einer unzureichenden Nachfrage ab
- Beschäftigung abhängig von der Gesamtnachfrage und Volkseinkommen
  - Staat muss folglich die Nachfrage erhöhen
- Keynes meint, dass sich der Staat antizyklisch zum Konjunkturverlauf verhalten soll
  - In konjunkturell besseren Zeiten soll er die Nachfrage beleben, z.B. durch staatliche Investitionen und Steuersenkungen
  - Falls dafür zu wenig Geld vorhanden ist, soll der Staat Schulden aufnehmen
- In konjunkturell besseren Zeiten sollen diese Schulden zurückgezahlt werden und Rücklagen gebildet werden
- Kritik an dieser Theorie: Zu hohe Staatsverschuldung ist möglich

Adam Smith und die unsichtbare Hand

- Jeder Verhandlungspartner möchte nur das Beste für sich selbst
  - Zwar egoistisch
    - Funktioniert gesamtwirtschaftlich aber sehr gut
- Wettbewerb und Egoismus sorgen für Balance auf dem Markt
  - Mehr Wohlstand an alle
- Als hätte eine „unsichtbare Hand" die Individuen geleitet, damit für jeden das Beste rauskommt
  - Obwohl Gemeinwohl nicht im Vordergrund stand

Aufgaben des Staates nach Adam Smith

- Realisierung des Gemeinwohls
- Schutz des Privateigentums
- Landesverteidigung und Polizei gewährleisten
- Justizsystem mit Gerichten
- Staatsverwaltung
- Erziehung, Bildung, Infrastruktur
- Steuern kassieren
- Ins Wirtschaftsgeschehen eingreifen
  - Monopolbildungen verhindern

Adam Smiths Idee und das Leben des Einzelnen

- Staat soll Vorraussetzungen für den Erfolg der Bürger schaffen
- Wirtschaftliche und politische Freiheiten für das Individuum
  - Liberalismus

Adam Smiths Angebots-Politik

- Geldmenge als zentrale Steuerungsgröße (nicht Nachfrage)
- Monetarismus
- Die Vier Prämissen
  - o Wachstumsschwäche ist Folge der Störung des Angebots
  - o Unterbeschäftigung kommt durch unzureichende Investitionen
  - o Ver
  - o Veränderungen des realen Volkseinkommen und damit Nachfrageentwicklung hängt von Veränderung der Geldmenge ab
  - o Instabilitäten kommen von staatlichen Eingriffen
- Schlussfolgerung:
  - o Wachstumsschwäche und Unterbeschäftigung werden durch Verbesserung des Angebotssektors gelöst
    - Produktion schafft Einkommen
    - Einkommen schafft Nachfrage
  - o „Investitionen müssen sich lohnen"
  - o Steuerungen nur über Geldpolitik
    - Flexible Wechselkurse

Weiterentwicklung der Angebotspolitik nach Milton Friedman

- Staat soll möglichst wenig in den Markt eingreifen
  - o Dennoch notwendige Steuerung erfolgt nicht über Staatsnachfrage sondern über Geldmenge
- Angebot soll durch Investitionen verbessert werden
  - o Steigerung der Produktion bewirkt Steigerung der Nachfrage
- Wirtschaftliche Instabilitäten resultieren aus staatlichen Eingriffen
- Die Angebotstheorie geht auf Milton Friedman zurück
- Forderungen
  - o Lohnkosten müssen in einem angemessenem Verhältnis bleiben, damit Produktion und Investitionen rentabel sind
  - o Geldpolitik soll durch unabhängige Zentralbank durchgeführt werden
  - o Insgesamt sollen die Ausgangsbedingungen der Unternehmen verbessert werden
    - Investitionen statt Konsum sollen gefördert werden
    - Durch Wegfall von investitionshemmenden Steuern
  - o Geldmengenpotential hat sich am Wirtschaftswachstum zu orientieren
  - o Forderung nach flexiblen Wechselkursen um Gefahr einer importieren Inflation zu entgegnen
- Nachteile:
  - o Niedrige Löhne
    - Wirken sich negativ auf die Nachfrage aus
  - o Die Unternehmen müssen nicht zwangsläufig Investitionen tätigen
  - o Höhere Steuerlast liegt auf der Bevölkerung, eventuelle Kürzungen im sozialen Bereich
  - o Durch Förderung von Investitionen kann es zu Überproduktionen kommen

- o Zu niedrige Staatseinnahmen als mögliche Folgen
- o Einkommensungleichheit führt zu weniger sozialer Gerechtigkeit

Neoliberalismus

- Reaktion auf Missstände in der freien Marktwirtschaft
  - o Verelendung
  - o Existenzminimumlöhne
  - o Kinderarmut
  - o
  - o Inhumanität
  - o Instabilitäten
    - ▪ Wirtschaftskrise 1929
- Neoliberalismus ist konzeptionelle weiterentwickelte freie Marktwirtschaft
- Ergänzung der Aufgaben des Staates
  - o Wettbewerbssicherung
  - o Soziale Grundabsicherung des Einzelnen
  - o Vermeidung von geld- und währungspolitischen Störungen
- Merkmale
  - o Freiheit soll gegeben werden für Herstellung einer natürlichen Ordnung
    - ▪ Schränkt Freiheit aber eher ein
  - o Wenig Wettbewerbsbeschränkungen (Monopolbildung als Folge)

Das Bruttoinlandsprodukt

- Marktwert aller Produkte im Endverbrauch in einem bestimmten Zeitabschnitt (z.B. eine Schraube)
- Viele unterschiedliche Güter in ein einziges Maß für ökonomische Aktivität zusammengesetzt
  - o „Äpfel mit Birnen vergleichen"
  - o Dazu sind Marktpreise nötig
- Je höher der Preis eines Produktes, desto mehr trägt es zum BIP bei
- Einige Produkte können nicht in den BIP einfließen
  - o Sachen, die illegal eingestellt/verkauft werden
  - o Drogen
  - o Gemüse, das zu Hause angebaut wird
- Zwischenprodukte (z.B. Papier für Grußkarten) wird dem BIP zugerechnet wenn sie über längere Zeit erst eingelagert und dann verkauft werden
  - o Dieser erst positive Einfluss in den BIP wird später beim Verkauf negativ eingerechnet
- In das BIP eines Landes fließt alles ein, was dort produziert worden ist
  - o Unabhängig von Staatsangehörigkeit der Produzenten
- BIP ist Wert der Produkte in einem Intervall
  - o Normalerweise ein Jahr/Quartal
- Daten werden vor Veröffentlichung modifiziert
  - o Saisonale Schwankungen (z.B. Weihnachten werden einberechnet)

Arbeitslosenquote

- Erwerbspotential
  - o Umfasst die Personen, die eine auf Erwerb ausgerichtete Tätigkeit ausüben oder suchen
- Erwerbsquote
  - o Drückt Anteil der Erwerbspersonen an der Bevölkerung aus
- Erwerbsquote wird beeinflusst durch
  - o Demographische, ökonomische, politische und psychologische Gründe
- Arbeitslosenquote
  - o Indikator dafür, ob Vollbeschäftigung herrscht oder nicht
  - o Anteil der bei den Arbeitsämtern registrierten Arbeitslosen
- Für internationale Vergleichbarkeit werden die Arbeitslosen auf die gesamten Erwerbspersonen bezogen
- Schwierigkeiten
  - o Nur ungenaue Messungen möglich

Inflation und ihre Ursachen

- Inflation ist Geldentwertung
- Preise von Leistungen und Gütern steigen stark an
- Ob Inflation ist oder nicht wird am Lebenshaltungskostenindex angegeben
- Sparen auf der Bank lohnt sich nicht mehr
  - o Inflation frisst Verzinsung auf
- Ohne Sparer können Banken keine Kredite mehr an Unternehmen geben
- Unternehmen stellen keine Arbeitskräfte mehr ein
- Gründe für Inflation
  - o Nachfrage-Inflation
    - ▪ Starke Preissteigerung durch große Nachfrage und wenig Angebot
  - o Angebotsdruck-Inflation
    - ▪ Durch höhere Produktionskosten führen zu höheren Preisen
    - ▪ Oder einfach Preiserhöhungen der Unternehmen
  - o Importierte Inflation
    - ▪ Durch immer teuer werdende Importe (Öl) wird ein Land gezwungen die Preise für Exporte zu erhöhen
- Zur Bekämpfung von Inflation muss Geld knapper gemacht werden
  - o Durch Europäische Zentralbank
- Verhinderung von Inflation
  - o Verhinderung von Preissteigerungen

Messung von Inflation

- Warenkorb
  - o Gesamtheit aller Waren und Dienstleistungen an denen die Inflation gemessen wird
  - o Für sogenannte Verbraucherstatistik
  - o Statistisches Bundesamt berechnet, wie sehr einzelne Sachen ins Gewicht fallen
    - ▪ *Wägungsschema*

Soziale Marktwirtschaft

- Ziel: Auf **Basis der Wettbewerbswirtschaft** die freie Initiative mit einem gerade durch die wirtschaftliche Leistung gesicherten **sozialen Fortschritt** zu verbinden
- Aufgaben des Staates
  - o Neben der Ordnungspolitik betreibt der Staat auch Prozesspolitik
    - Eingreifen in das wirtschaftliche Geschehen, um soziale Ziele zu erreichen
  - o Gesundheits- oder Sicherheitsrisiken zu senken
    - Eingriff in die Gewerbefreiheit
  - o Schätzung der wirtschaftlich Schwächeren durch Einschränkung der Vertragsfreiheit
- Wettbewerb
  - o Förderung des Wettbewerbs durch staatliche Eingriffe (Kontrolle, Gesetze)
  - o Marktmechanismus = Steuerungsmechanismus (Staatliche Eingriffe)

Neoliberalismus

- Eine Wirtschaftstheorie, die die Ideen des Liberalismus aufgreift und in modernere Verhältnisse einbindet
- Der Staat gibt dem Kapital wieder die Zügel in die Hand
  - o Betreibt und programmiert Lohn- und Sozialabbau
- Wendet sich gegen Eingriff des Staates
- Fordert staatliche Ordnungspolitik die den Wettbewerb fördern soll und den privaten Machtpositionen entgegenwirken
- Neoliberalismus ist eine konzeptionell weitereinwickelte freie Marktwirtschaft

Das Say'sche Theorem

- Angebot schafft Nachfrage
- Durch Preis- und Marktmechanismus werden Störungen von selbst überwunden
- Produktion ---) Einkommen ---) Nachfrage
- Überangebot an Kapital ---) Zinsrückgang ---) Investitionen
- Überangebot an Arbeitskräften
  - o Lohnsenkungen
- Temporäres Ungleichgewicht von Arbeit und Markt möglich
  - o Abbau nach kurzer Zeit
- Staat übernimmt Rolle des Nachtwächterstaates
- Weltwirtschaftskrise 1930er
  - o Zweifel an Selbstheilungskräften der Wirtschaft

Die importierte Inflation

- Produkte von Ausländern, die importiert werden müssen, können Inflation auslösen
- Wenn z.B. Länder, die Rohöl produzieren die Preise davon erhöhen
  - o Also wird Inflation aus dem Ausland importiert
- Auch wenn aufgrund höheren Einkommens oder Preise im Ausland die Nachfrage nach deutschen Gütern und Leistungen durch Ausländer zunimmt und die heimischen Unternehmen dann die Möglichkeit haben aufgrund der günstigen Nachfragesituation die Preise zu erhöhen

Nachfragesog – Inflation

- Mehr Nachfrage als Angebot + Vollbeschäftigung
- Preiserhöhung ---) Inflation
- Definition Nachfragesoginflation:
  - Eine Preisinflation, die durch übermäßige Nachfrage nach Gütern verursacht wird, beispielsweise durch einen deutlichen Anstieg der gesamtwirtschaftlichen Nachfrage

Angebotsdrude – Inflation

- Gewerkschaften fordern Lohnerhöhungen, daraufhin ziehen Arbeitgeber die Preise an
  - Ansteckungsgefahr: führt wiederrum zur erneuten Lohnerhöhungsforderung
    - *Lohnpreisspirale*
- Preis-Lohn-Spirale
  - Unternehmen sind auf höhere Gewinne aus
    - Preise steigen ---) Lebenshaltungskosten steigen
    - Lohnerhöhungen werden erneut gefordert
- Unterschiedliche Spiralen werden einmal von den Arbeitgebern und einmal den Arbeitnehmern ausgelöst

Inflation Definition

- Inflation ist der Vorgang, dass die Preise immer weiter steigen und der Wert des Geldes geringer wird
- Das Preisniveau steigt über einen bestimmten Zeitraum an
- Inflation wird mit Hilfe eines Verbraucherpreisindex gemessen
- Gewinner: Schuldner, Sachmittel- und Immobilienbesitzer
- Verlierer: Lohn- und Gehaltsempfänger

Ziele der EZB (Europäisches System der Zentralbanken)

- **Preisstabilität** gewährleisten
- Unterstützung der EU Wirtschaftspolitik, damit diese ihre Ziele erreichen kann
- **Nachhaltige Einwicklung Europas** auf der Grundlage eines ausgewogenen **Wirtschaftswachstum**s und von **Preisstabilität** sowie eine wettbewerbsfähige soziale Marktwirtschaft
- Festlegung und Ausführen der **Geldpolitik** für das Euro-Gebiet
- **Währungsreserven** der Mitgliedsstaaten des Eurogebiets zu halten und zu **verwalten**
- Förderung der reibungslosen **Funktion** der **Zahlungssysteme**
- Ausgabe von **Banknoten**

Vorgehen der EZB um hohe Inflation zu vermeiden

- Zwei-Säulen-Strategie
  - Erste Säule (wirtschaftliche Analyse)

    Beobachtung der Inflationsentwicklung anhand von:
    - Löhne

- Wechselkursentwicklungen
- Langfristige Zinssätze
- Messgrößen für Wirtschaftstätigkeit
- Fiskalpolitische Indikatoren
- Preis- und Kostenindizes
- Unternehmens- und Verbraucherumfragen
  o Zweite Säule (monetäre Analyse)
    - Veröffentlichung eines Referenzwertes für wünschenswerte
      Geldmengenentwicklung (Einbezug von Wirtschaftswachstum und
      Geldumlaufgeschwindigkeit)
      - Soll helfen Gefahren für Preisniveaustabilität zu erkennen
- Restriktive Geldpolitik (Stoppen einer „Geldschwelle")
  o Vergibt weniger Geld
  o Erhöht die Zinsen
  o Erschwert Kreditvergabe
  o Verteuerung von Investitionen

Ziele und Aufgaben der EZB (Tafelabschrieb)

- Preisstabilität im Euroraum sichern
  o Inflation und Deflation vermeiden
- Unterstützung verschuldeter Staaten
- Für Regulation der Geldmenge zuständig
- Kontrolle der Geschäftsbanken
- Die EZB steht im Kontakt mit den Geschäftsbanken (z.B. Commerzbank) und führt mit ihnen
  Geldgeschäfte durch
- Das von der EZB geliehene Geld können an die Kunden weitergegeben werden
- Die EZB kooperiert international mit anderen Zentralbanken

Instrumente der EZB (Tafelabschrieb)

- Hauptrefinanzierungsgeschäft
  o Wichtigstes Instrument der EZB
  o Die Banken können sich mit einem Auktionsverfahren Geld von der EZB leihen
    - Die Bank, die am meisten bietet, wird zuerst bedient
    - Die EZB gibt einen Mindestbietungssatz vor
      - Leitzins im Moment Null (0,00%)
- Einlagefazilität/-szins
  o Banken können überschüssiges Geld bei der EZB über Nacht anlegen
  o Normalerweise würden sie dafür Zinsen bekommen, im Moment ist der
    Bankenzinssatz jedoch negativ, damit die Banken das Geld an die Kunden
    weitergeben und nicht bei der EZB lagern
- Spitzenrefinanzierungsfazilität
  o Die Banken können über Nacht von der EZB Geld leihen und müssen dafür einen
    Zinssatz zahlen
    - Dient der kurzfristigen Liquidität von Banken
- Mindestreservepflicht

- o Die EZB verlangt von den Banken einen bestimmten Mindestreservebetrag zu halten
- o Möglichkeit über Höhe des Betrags die Geldmenge zu beeinflussen
- Devisenmarktintervention
  - o Die EZB hat die Möglichkeit, Zinserträge aus Währungsreserven zu verkaufen (aus dem Euroraum oder von Außerhalb)

Das Magische Viereck

- Hoher Beschäftigungsgrad
- Preisstabilität
- Gutes/Stabiles Wirtschaftswachstum
- Steigendes Volkseinkommen

Die Zahlungsbilanz

- Erfassung aller Transaktionen zwischen In- und Ausländern in einem bestimmten Zeitraum
- Gibt Auskunft über die ökonomischen Verflechtungen mit dem Ausland
- Verhältnis Import/Export
  - o Indikator für Zahlungsfähigkeit
  - o Gegliedert in mehrere Unterbilanzen
    - Leistungsbilanz
    - Kapitalbilanz
    - Devisenbilanz
- Leistungsbilanz
  - o Transaktionen aller Waren und Dienstleistungen, die ins Ausland exportiert oder aus dem Ausland bezogen werden
  - o Erwerbs- und Vermögenseinkommen
  - o Patent- und Lizenzgebühren
  - o Einnahmen durch Tourismus
  - o Zahlung an EU; Entwicklungshilfe
  - o Überschuss der Leistungsbilanz zeigt an, dass ein Land mehr Leistungen an das Ausland erbringt, als es von dort bezieht
    - Zunahme der Gesamtwirtschaftlichen Ersparnis
- Kapitalbilanz
  - o Erfassung aller Kapitalbewegungen mit dem Ausland
  - o Unterscheiden zwischen Direktinvestitionen, Wertpapieranlagen und Kreditverkehr
    - Kredite nochmals unterteilt in Kreditinstitute, Unternehmen und Privatpersonen
  - o Kapitalexporte auf der Passiv Seite
    - Da sie Zahlungsausgänge darstellen
  - o Negativer Saldo der Kapitalbilanz
    - Mehr Kapitalexporte als Kapitalimporte
  - o Ökonomisches Gegenstück zur Leistungsbilanz
    - Bilden zusammen mit Transaktionen verbundene Finanzströme
  - o Überschuss der Leistungsbilanz heißt häufig Defizit in der Kapitalbilanz
    - Durch Nettozuflüsse muss Defizit ausgeglichen werden
- Devisenbilanz

- o Mengen- und Wertmäßige Veränderungen der Nettoauslandsaktiva von Währungsbehörden
- o Erfassung von Bewegungen von Währungsreserven
- o Kapital- und Devisenbilanz bilden zusammen die erweiterte Kapitalbilanz
- o Weitere wichtige Bilanzen
  - Bilanz der Vermögensübertragungen
  - Unentgeltliche Übertragungen, die nicht direkt zur Einkommensveränderungen führen (z.b. Schuldenerlass)
  - Saldo von nicht aufgliederbaren Transaktionen
    - Auflistung aller Ermittlungsfehler anderer Bilanzen

Gesamtverschuldung

- Über die Jahre insgesamt angehäufte Schulden

Neuverschuldung

- Betrag um den im Haushaltsjahr neue Schulden aufgenommen werden. Betrag um den sie die Gesamtverschuldung erhöht

Defizit

- Um wie viel mehr der Staat im vergangenen Jahr mehr ausgab als einnahm

Maastricht-Kriterium

- Schuldenstand darf nicht mehr als 60% des BIP betragen
- Jährliches Haushaltsdefizit nicht mehr als 3%

Der ESM (Europäischer Stabilitätsmechanismus)

- Mitgliedsstaaten überweisen Geld an den ESM
  - o Dieser Baut Grundkapital an
- ESM kauft Staatsanleihen von Mitgliedsstaaten
- Instrumente des ESM
  - o Zinsgünstige Kredite vergeben
  - o Spricht Haftungsgarantien aus um Märkte zu beruhigen
    - Hilfesuchende Staaten müssen mit dem IWF zusammen arbeiten, um Schulden abzubauen
- 500 Milliarde Euro für Notkredite
  - o Manche sagen es ist zu viel
  - o Andere es ist viel zu wenig

Q2

Kennzeichen einer repräsentativen Demokratie

- Volkssouveränität
  - Volk ist Träger der Staatsgewalt
  - Volk nimmt Staatsgewalt und politische Entscheidungen nicht selbst wahr
- Repräsentative Demokratie
  - Repräsentation der Wähler durch Volksvertreter
  - Repräsentation zwar im Name, aber ohne bindenden Auftrag des Volkes
- Abgeordnete sind nicht durch Aufträge und Weisungen gebunden
  - Nur durch eigenes Gewissen
    - Verpflichtung gegenüber Gemeinschaft
- Handeln für Alle in der Wählerschaft vorhandenen Interessen
- Menschen geben ihren Vertretern Vertrauen auf Zeit
- Schlechte Vertreter dürfen abgesetzt werden

Protest- und Partizipationsformen

1. Unterschriftensammlungen
2. An einem Boykott teilnehmen
3. An einer Kundgebung teilnehmen
4. An einer Demonstration teilnehmen
5. Flugblätter schreiben und verteilen
6. An einer Sitzblockade teilnehmen
7. An einer Verkehrsblockade teilnehmen
8. An einer Hausbesetzung teilnehmen
9. Gewalt gegen Sachen
10. Gewalt gegen Personen

Wesentliche Prinzipien des Rechtsstaates

- Idee der Gerechtigkeit
- Gesetz hat Vorrang
- Recht auf Rechtswegs Garantie
- Rechtliches Gehör für jedermann
- Recht auf Messbar- und Vorausberechenbarkeit staatlichen Handelns
- Klarheit der Gesetzgebung
- Einzelne werden vor staatlichen Eingriffen geschützt
  - Wenn doch dann durch Gesetze bestimmt
- Keine übertriebenen Mittel, müssen im Verhältnis zum Erfolg stellen

Grundprinzipien des Rechtsstaates

- Rechtsgleichheit: Alle Bürger sind vor dem Gesetz gleich, gleiche Sachverhalte sollen gleich behandelt werden
- Rechtsbindung: alles staatliche Handeln ist an Recht und Gesetz gebunden

- Rechtssicherheit: rechtliches Gehör für Jedermann; Präzision und Klarheit der Gesetzgebung
- Der einzelne muss vor willkürlichen Eingriffen des Staates geschützt werden
- Grundgesetze der Verhältnismäßigkeit bei Vergehen
- Das Handeln des Staates ist an Gerechtigkeit/die Geltung der Grundrechte gebunden
  - Materieller Rechtsstaat
- Gewährleistung persönlicher Grundrechte; in ihrem Wesensgehalt nicht einschränkbar

Vor- und Nachteile des Föderalismus

- + Machtverteilung zwischen Bund und Ländern
- + Mehr Demokratie
  - Direktdemokratische Elemente auf Landesebene
- + Aufgabennähe
  - Staatliche Organe sind regionalen Problemen im Bundesstaat näher als im Einzelstaat
- + Mehr Bürgernähe
  - Kürzere Wege zu staatlichen Stellen
    - Man kriegt eher Kontakt zu Behörden und Politikern
- + Wettbewerb
  - Länder stehen in Konkurrenz zu einander
- + Vielfalt
  - Gliederung des Bundes garantiert viele wirtschaftliche, politische und kulturelle Mittelpunkt
- - Uneinheitlichkeit
  - Eigenständigkeit der Länder führt zwangsläufig zu Unterschieden
    - z.B. schlecht für Schüler bei Umzug
- - Kompliziert
  - 17 Entscheidungszentren sind schwer zu überschauen und verstehen
- - Teuer
  - Einzelne Parlamente, Regierungen und Bildungssysteme sind teurer als in einem Einzelstaat

Verfassungsrechtliche Stellung der Parteien

- Notwendiger Bestandteil der demokratischen Grundordnung
- Wirken an politischer Willensbildung mit
  - Einfaches auf Gestaltung der öffentlichen Meinung
  - Anregen politischer Bildung
- Lebendige Verbindung zwischen Volk und Staatsorganen
- Besondere verfassungsrechtliche Stellung im Grundgesetz
- Vertreten ihre Wähler auf kommunaler Ebene, im Landtag oder im Bundestag
- Sie sollen dem Interessensausgleich unterschiedlicher politischer Meinungen dienen
  - Zwischen den Parteien , sowie innerhalb der Parteien
- Legen ihre Ziele in ihrem Programm nieder
  - Müssen sich nicht bindend daran halten
- Müssen über Verwendung staatlicher Gelder Rechenschaft ablegen
- Stellen geeignete Kandidaten für Wahlen verschiedener Ebenen auf

Volksparteien

- SPD, CDU
- Verlieren an Zustimmung in der Gesellschaft
- Volkspartei: Partei, die alle Schichten anspricht – „Für jeden was dabei"
- Programm und Repräsentativität sind Kriterien
- Volksparteien sind nicht mehr in Gesellschaft verankert
  - o Gesellschaft verweigert Bindung an große Parteien
- Durch Erosion der Volksparteien bilden sich viele kleine Parteien
  - o Je heterogener die Gesellschaft, desto mehr Parteien

Identitätstheorie

- Politiker filtern Gesamtwille und egoistische Einzelinteressen, um hieraus eine Entscheidung für das Gemeinwohl zu treffen
- Vorteile
  - o Volk hat viel Macht und Mitbestimmungsrecht
  - o Gleichberechtigung der Menschen
    - ▪ Keine Klassengesellschaft
  - o Freier Volkswille ist unbeeinträchtigt
  - o Transparente Politik
  - o Kein Machtmissbrauch
- Nachteile
  - o Legitimation einer Diktatur
  - o Individueller Wille und Freiheit wird zu Gunsten der Allgemeinheit abgegeben
  - o Verantwortung für falsche Entscheidungen kann nicht auf Einzelpersonen zurückgeführt werden
  - o Hoher Aufwand

Parlamentarische und präsidentielle Demokratie

- Beides Grundformen des Parlamentarismus
  - o Parlamentarismus: Parlament = Gesetzgeber
- Volk/gewählte Repräsentanten bestimmen über Wahl/Abwahl der Regierung

Parlamentarische Demokratie

- Regierung kann von Mehrheit abgewählt werden
- Amtsdauer und Amtseinführung der Regierung hängt von Parlamentsmehrheit ab
- Enge Verbindung zwischen Parlamentsmehrheit und Regierung
  - o Regierung geht aus Parlamentsmehrheit hervor

Präsidentielle Demokratie

- Regierung und Parlament sind unabhängig voneinander
  - o Regierung kann in schweren Fällen (Amtsmissbrauch) abgesetzt werden

Pluralismus Theorie

- Volk ist pluralistisch
- Viele kleinere Parteien vertreten Meinung das Volk
- Parteien verhandeln unter einander

Vorteile der Pluralismus Theorie der Demokratie

- Breit abgedecktes Meinungsbild
  - o Jeder hat dich Möglichkeit seine politische Meinung zu vertreten
- Staat bietet Möglichkeit zum offenen Wettbewerb
  - o Jede Meinung kommt zu Wort
- Erreichung des Allgemeinwohls, Interessensausgleich
- Meinungsfreiheit, Pressefreiheit, Versammlungsfreiheit gewährleistet

Nachteile der Pluralismus Theorie der Demokratie

- Zu viele verschiedene Meinungen können zu Unordnung führen
- Schwer eine absolute Mehrheit zu erreichen

Das Bundesverfassungsgericht

- Wacht über dem Grundgesetz
- Kann jeder Entscheidung von gesetzgebender Gewalt, der Regierung und Verwaltung auf Verfassungsmäßigkeit prüfen
- Ist gegenüber allen anderen Verfassungsorganen unabhängig
- Einerseits ein Gedicht und andererseits ein Verfassungsorgan
- Höchste Instanz

Aufgaben des Bundesverfassungsgerichts

- Wird auf Antrag einer Person/Institution tätig
- Verfassungsbeschwerden bearbeiten
  - o Prüft, ob Kläger durch öffentliche Gewalt in seinen Grundrechten verletzt wird
- Prüfen, ob Verfassungsbeschwerden möglich sind
  - o Abweisung möglich
- Normenkontrolle
  - o Prüft, ob ein Gesetz mit dem Grundgesetz übereinstimmt
    - Konkrete Normenkontrolle
      - Wenn bei einem Fall das anzuwendende Gesetz nicht mit dem Grundgesetz vereinbar ist, muss Hilfe beim BVG geholt werden
    - Abstrakte Normenkontrolle (abstrakt, da noch kein konkreter Fall)
      - Auf Antrag wird geprüft, ob Bundesrecht oder Landesrecht mit dem Grundgesetz vereinbar ist

Verhältniswahlrecht

- Jede Stimme wird gleich gewertet
- Kein Stimme geht verloren

- Chance für kleinere Parteien ins Parlament einzuziehen
- Bürger fühlen sich dadurch vertreten
  - Höherer Anreiz wählen zu gehen
- Pluralität der Gesellschaft wird mehr Berücksichtigt
- Alle gesellschaftlichen Gruppen sollen vertreten werden

Mehrheitswahlrecht

- Leichte Mehrheitsbildung
  - Zusammensetzung des Parlaments überschaubarer
- Größere Hürden für kleinere extremistische Parteien
- Schnellere Entscheidungsfindung im Parlament
- Interesse der Mehrheit wird berücksichtigt

Wahlsystem zum deutschen Bundestag

- Allgemein
  - Wahlrecht steht allen Bürgern zu
  - Man kann sein Wahlrecht durch richterlichen Beschluss verlieren
  - Personen unter 18 Jahren nicht teilnehmen
- Gleich
  - Jede Stimme zählt gleich viel (keine Wichtung!)
  - Stimmen werden nicht gewertet, wenn Parteien eine gesetzliche Hürde nicht schaffen
- Frei
  - Freiheit zwischen unterschiedlichen Parteien und Personen wählen zu können
    - Unterschiedliche Angebote sollen gestellt sein
- Geheim
  - Bürger müssen während des Votums anonym abstimmen
    - Dürfen keine Repressalien befürchten müssen
      - Schränkt Entscheidungsfreiheit ein

Verteilung der Sitze auf die Parteien

- Parteien werden nur berücksichtigt, wenn sie mehr als 5% der Zweitstimmen oder Direktmandate haben
- Anzahl der Abgeordnetensitze mit Hilfe der Divisor Methode berechnet
  - *(Stimmen der beteiligten Parteien) / Durchschn. auf einen Sitz entfallenden Stimmen*
  - Dann Standardrundungen zu glatten Zahlen
  - Ganze Zahlen entsprechen Sitzverteilung

Erststimme

- Abgeordnete werden gewählt
- Jeder Wahlbezirk schickt Abgeordnete in den Bundestag

Zweitstimme

- Wahl einer Partei

Überhangmandate

- Wenn eine Partei in einem Bundesland mehr Direktmandate erhält als sie nach den Zweitstimmen bekommen dürfte
  - Erhält Überhangmandate
- Gesamtzahl der Sitze im Bundestag nimmt um Anzahl der Überhangmandate zu

Funktion der Massenmedien

- Informationsfunktion
  - Vollständig, sachlich und verständlich informieren
  - Bürger sollen wirtschaftliche, soziale und politische Zusammenhänge verstehen
    - Aktive Teilnahme an der Politik stimulieren
- Meinungsbildungsfunktion
  - Fragen von öffentlichen Interesse sollen in freier und offener Diskussion erörtert werden
  - Das Vernünftige soll sich durchsetzen
  - Massenmedien sollen Meinungspluralismus widerspiegeln
  - Bürger soll aus verschiedenen Parteien/Positionen Meinung bilden
- Kritik- und Kontrollfunktion
  - Unterstützen Opposition bei Kritik an Regierung
  - Kontrollieren Staat und Gesellschaft
  - Medien legen fest wie dringend bestimmte Themen behandelt werden müssen
  - Sind inoffizielle „vierte Gewalt"
- Thematisierungsfunktion/Agenda-setting-Funktion
  - Bestimmen wie dringend über ein Thema berichtet wird
    - Reihenfolge wie berichtet wird

Wirklichkeit und Medienwirklichkeit

- Die Wirklichkeit ist, was tatsächlich passiert ist
- Die Medienwirklichkeit, das worauf die Medien die tatsächlichen Ereignisse reduzieren
  - Da nicht alle Informationen transportiert werden können

Beziehung von Medien und Politik (in Deutschland)

- Medien und Politik eng miteinander verbunden
- Politik braucht Medien um politische Beschlüsse zu verbreiten
- Medien brauchen politische Prozesse, da wichtiger Inhalt
- Durch Berichterstattung Feedback für Politik
- Politik reagiert auf Feedback und schafft neue Inhalte
- „Komplizenschaft" zwischen beiden Systemen

Vertrauensfrage

- Wird von der Regierung dem Parlament gestellt
  - Wollen sehen, ob politische Haltungen übereinstimmen
  - Abklärung gravierender Konflikte
- Negatives Ergebnis führt häufig zu Rücktritt

- Kanzler ergreift selbst Initiative
  - Kann Bundespräsidenten anweisen den Bundestag aufzulösen, wenn negative Antwort
- Vertrauensfrage kann nur gestellt werden, wenn echte Regierungskrise vorliegt

Konstruktives Misstrauensvotum

- Bundestag kann Kanzler Misstrauen aussprechen in dem sie einen neuen Kanzler wählen
  - Bundespräsident muss Kanzler entlassen
  - Bundespräsident muss Ersuchen entsprechen und zustimmen
- Häufig nach Koalitionsbrüchen gestellt, wenn es neue Koalition gibt

Aufgaben des Bundespräsidenten

- Geringe Machtfülle
- Vertritt den Bund völkerrechtlich
- Schließt im Namen des Bundes Verträge ab
- Kann nach Bundestagsbeschluss den Verteidigungsfall ausrufen
- Fertigt Bundesgesetze aus und verkündet diese
- Konflikte zwischen Bundestag und Regierung schlichten
- Vereidigt den Kanzler
- Von Bundesversammlung gewählt
- Soll sich in politische Belange einmischen
- Kein direkter politischer Einfluss
- Kann Parlament, Regierung und Parteien für deren Arbeit kritisieren

Gesetzgebungsprozess

- Meiste Entwürfe sind Vorlagen der Regierung
  - Entwürfe können vom Bundestag, Bundesrat und der Bundesregierung eingebracht werden
- 1. Beratung im Plenum des Bundestages zur Begründung des Gesetzesvorhabens und der Erörterung der Grundsätze des Vorhabens
- Gesetzesentwurf wird anschließend an fachlich zuständigen Ausschuss überwiesen
  - Dort beraten
  - Experten können angehört werden
  - Ausschuss gibt Plenum Rat (Abänderung, Annahme, Ablehnung)
- 2. Beratung im Plenum auf Grundlage des Beschlusses des Ausschuss
- 3. Beratung schließt direkt an
  - Anschließend Schlussabstimmung
- Bundesrat wird Gesetz zugeteilt
  - (Bei einem Zustimmungsgesetz muss der Bundesrat zustimmen, bei Einspruchsgesetz kann der Bundestag Einspruch des Bundesrates überstimmen)
- Bei Uneinigkeit bei einem Zustimmungsgesetz wird Vermittlungsausschuss angerufen
  - Wenn keine Einigung – Gesetz scheitert
  - Wenn Einigung – Erneute Abstimmung im Bundestag

- Nach Verabschiedung wird es zuständigem Minister oder dem Kanzler vorgelegt (zum unterzeichnen)
- Bundespräsident muss unterzeichnen
  - Bei Verfassungsverstoß kann er Unterschrift verweigern
- Gesetz tritt in Kraft

Q3

Frieden

- Positiver Frieden
    - Zustand abgerüsteter Sicherheit
    - Vollzogene Gerechtigkeit
    - Abwesenheit indirekter, struktureller Gewalt, ökologisches Gleichgewicht
- Ethischer Friedensbegriff
    - Persönliche Friedfertigkeit
- Sozialer Frieden
    - Soziale Gerechtigkeit in Gesellschaften und in der Weltgemeinschaft
- Politischer Friedensbegriff
    - Gewaltfreie Konfliktregelung
- Ökologischer Frieden
    - Frieden mit der Natur
    - Schonung statt Ausbeutung der Natur

Charakteristika der „Neuen Kriege"

- Anstatt Staaten führen immer häufiger parastaatliche, private Akteure Krieg (Warlords, Guerillagruppen, Söldnerfirmen, internationale Terrororganisationen)
- Kriegsunternehmer führen Krieg auf eigene Rechnung
    - Finanziert durch reiche Privatleute, Staaten und Emigrantengemeinden
    - Verkaufen Bohr-, Schürfrechte, Drogen, Menschen
        - Erpressen Schutz- und Lösegeld
- Nutzung Ethnisch-kultureller Spannungen; Religiöser Überzeugungen
    - Verstärken/verursachen Kriege
- Private Kriege gefördert durch billige Kriegsführung
- Asymmetrie: Kampf nicht gleichartiger Gegner
    - Terrorismus; Partisanenkrieg
- Kriege verselbstständigen sich
    - Reguläre Armeen haben keine Kontrolle mehr über Kriegsgeschehen
- Korruption und nicht intrigante Politiker lassen neue Staatsgründungen scheitern
- Nebeneinander von Armut und Reichtum begünstigen Bürgerkriege
- Es gibt keine offizielle Kriegserklärung, Beginn und Ende sind meist unklar

Entwicklung „Neuer Kriege"

- 1. Entstaatlichung/Privatisierung von Gewalt
    - Waffen sind günstiger, leicht zugänglich, erfordert keine Ausbildung
- 2. Asymmetrie von Gewalt
    - Richtet sich hauptsächlich gegen Zivilbevölkerung
- 3. Verselbstständigung von Gewalt
    - Reguläre Armeen haben Kontrolle über Kriege verloren
    - Krieg entsteht am Rand der Regime und Gesellschaften

Terroristische Gewalt als Kommunikationsstrategie

- 1. Terrorgruppe verübt Anschlag an öffentlichen Ort mit Symbolwirkung
    - o Wollen hierdurch potentielle Sympathisanten auf sich aufmerksam machen
    - o Zivilbevölkerung schocken
    - o Wollen Gegenreaktion des angegriffenen Staates erzwingen
- 2. Staat reagiert mit Gewalt
- 3. Legitimation für Verteidigungskrieg für Terroristen
- 4. Führt wiederum zu Gegenreaktion der Terroristen

Funktionen eines modernen Staates

- Sicherheitsfunktion
    - o Physische Sicherheit der Bürger
    - o Kontrolle des Staatsgebietes
    - o Gewaltmonopol
    - o Kontrolle des Sicherheitsapparates
- Wohlfahrtsfunktion (Staat erhebt hierfür steuern)
    - o Sozialpolitik
    - o Wirtschaftspolitik
    - o Bildungspolitik
    - o Gesundheitspolitik
    - o Umweltpolitik
    - o Aufbau/Erhalt öffentlicher Infrastruktur
- Legitimitäts- und Rechtsstaatsfunktion
    - o Politische Partizipation
    - o Stabilität politischer Institutionen
    - o Rechtsstaat
    - o Hohe politische Freiheit

Ursachen für Terrorismus

- Menschen fühlen sich/die Gruppe der sie angehören unterdrückt
- Menschen fühlen keine Verbindung zu dem Land in dem sie leben (Häufig bei Kindern von Einwanderern)
- Soziale Benachteiligung
- Einsamkeit/Benachteiligung
- Anhänger fühlen sich als Teil einer Elite
- Glauben die eigene Situation durch Terror verbessern zu können
- Neid auf westlichen Lebensstandard
- Organisationen wollen Rolle in Weltwirtschaft/Politik spielen
- Glaube, mehr zu verdienen als andere
- Konflikte zwischen westlichen Wertevorstellungen und eigener Kultur

Sozioökonomische Ursachen für Terrorismus

- Durch Bevölkerungswachstum keine Perspektive für Jugendliche
- Fehlende Freiheit

- o   Durch Unterdrückung ziehen sich Andersdenkende in Moscheen zurück
  - ▪ Islamisten gewinnen dadurch Zulauf
- Niedrige Bildung der Bevölkerung

Schwache Staaten als Nährboden für Terrorismus

- Länder, deren Staatlichkeit auf der Kippe steht
- Voraussetzungen
  - o   Einigermaßen moderne Infrastruktur
  - o   Zusammenbruch staatlicher Strukturen sollte ausgeschlossen sein
  - o   Rekrutierung von Kämpfern sollte möglich sein

Bedingungen für zivilisierte Konfliktkultur

- Entprivatisierung von Gewalt
- Rechtsstaatlichkeit (Verfassungsstaat)
- Affektkontrolle/Selbstkontrolle
- Demokratische Beteiligung
- Soziale Gerechtigkeit
- Konstruktive politische Konfliktkultur

Grundsätze der UN

- Wahrung des Weltfriedens und Internationale Sicherheit
- Durchsetzung des Völkerrecht
- Internationale Zusammenarbeit zur Lösung von Problemen
  - o   Soziale, humanitäre Grundfreiheiten
- Gegen Rassismus

Grundsätze der Mitgliedschaft

- Alle Mitglieder sind gleich
- Mitglieder müssen sich an Verpflichtungen halten
- Mitglieder dürfen nur friedlich Streiten
  - o   Keine Gefahr für Weltfrieden

Kompetenzen des Sicherheitsrates bei Gefährdung des Friedens

1. <u>Friedliche Beilegung von Streitigkeiten:</u>
   a. Der Sicherheitsrat erkennt Streitigkeiten zwischen Parteien, die den Weltfrieden gefährden könnten, und fordert die Streitenden auf den Konflikt friedlich zu lösen. Der Sicherheitsrat untersucht kritische Situationen und internationale Reibungen auf ihr Potenzial den Weltfrieden zu gefährden.
2. <u>Maßnahmen bei Bedrohung oder Bruch des Friedens und bei Angriffshandlungen:</u>
   a. Der Sicherheitsrat beschließt gewaltfreie Maßnahmen (Unterbrechung von Wirtschaftsbeziehungen, Unterbrechung des Verkehrs/Reisen in betroffene Regionen, Unterbrechung Kommunikation mit diesen Regionen, Abbruch aller diplomatischer Beziehungen), um seine Beschlüsse durchzusetzen. Er kann andere Nationen auffordern seine Maßnahmen durchzuführen.

Reichen die friedlichen Maßnahmen nicht aus, versucht der Sicherheitsrat mit Streitkräften den Weltfrieden zu Wahren oder Wiederherzustellen (Demonstrationen, Blockaden, sonstige Einsätze der Streitkräfte). Alle Mitglieder sollen dem Sicherheitsrat auf dessen Bitte Streitkräfte zur Verfügung stellen, Beistand oder Erleichterungen leisten (Durchmarschrecht), falls dies zur Wahrung des Weltfriedens erforderlich ist.

Die Maßnahmen des Sicherheitsrates werden nach Ermessen des Sicherheitsrates von allen oder von einigen Nationen durchgeführt.

Maßnahmen des Sicherheitsrates betreffen nicht das Recht auf Selbstverteidigung eines einzelnen UN-Mitgliedslandes, falls es angegriffen wird. Das betreffende Land muss dem Sicherheitsrat seine Maßnahmen sofort mitteilen. Der Sicherheitsrat darf trotz des Selbstverteidigungsrechtes selbst Maßnahmen ergreifen.

Die Mitglieder des Sicherheitsrates der Vereinten Nationen/Entscheidungsmechanismen:

- Fünf ständige Mitglieder: China, Frankreich, Großbritannien, Russland, USA (Mit Veto-Recht)
- Zehn nicht ständige Mitglieder aus 5 Regionalgruppen (Für jeweils 2 Jahre gewählt von UN-Generalversammlung) – (Nur 9 Stimmen gebraucht um Beschluss anzunehmen; davon mindestens 4 nicht ständige)
  - o Empfehlung zur Aufnahme neuer Länder in die UN
  - o Vorschlag zur Wahl des UN-Generalsekretärs
  - o Wahl der Mitglieder des Internationalen Gerichtshofes
  - o Empfehlungen zur Beilegung von Streitigkeiten
  - o Untersuchung von Konflikten
  - o Entsendung von Friedenstruppen
  - o Feststellung einer Bedrohung des Friedens
  - o Wirtschaftliche/Diplomatische Sanktionen
  - o Militärische Sanktionen

Mittel der UNO zur Wahrung und Wiederherstellung des Friedens:

- Konfliktprävention:
  - o Vorbeugende Diplomatie
    - ▪ Verhindern des Entstehens von Streitigkeiten zwischen Parteien
    - ▪ Eindämmung bestehender Streitigkeiten
    - ▪ Vorbeugung zielt auf Bekämpfung der Ursachen von Konflikten
- Konfliktprävention/Konfliktintervention:
  - o Stand-by Arrangments System
    - ▪ Zur Verkürzung der Reaktionszeit für die Aufstellung von Friedensmissionen
    - ▪ Mitgliedsländer bieten UNO in Form bilateraler Abkommen Unterstützungsleistungen an (Soldaten, Zivilpolizei, Dienstleistungen…)
    - ▪ Mitgliedsländer legen Bedingungen für ihre Hilfe selbst fest (Umfang, Dauer…)
- Konfliktintervention:
  - o Friedensschaffung
    - ▪ Wirkt in andauernde Konflikte hinein

- - Feindliche Parteien sollen zur Einigung gebracht werden
    - Frieden durch Waffenstillstandsvertrag oder Friedensvertrag
  - Friedensdurchsetzung
    - Einsätze stärker bewaffneter UN-Truppen
    - Einsätze zur Wiederherstellung oder Aufrechterhaltung von Waffenruhen
    - Nicht zu verwechseln mit Zwangsmaßnahmen
  - Friedensdurchsetzung
    - Militärische Zwangsmaßnahmen
    - Bei Bedrohung oder Bruch des Weltfriedens oder Angriffshandlungen um Weltfrieden aufrecht zu erhalten
    - Sicherheitsrat kann einzelne Mitglieder ermächtigen alle erforderlichen Mittel, inklusive Gewaltanwendung, einzusetzen
    - Einwilligung der Kriegsparteien ist nicht notwendig

- Konfliktintervention/Konflikt-nachsorge:
  - Friedenssicherung
    - Vereint zivile und militärische Elemente
    - Errichtung einer Präsenz der UN vor Ort
    - Einsätze von leicht bis schwer bewaffneten Soldaten
    - Wahlbeobachtung
    - Polizisten zur Überwachung von Waffenstillständen und Friedensvereinbarungen
- Konfliktnachsorge:
  - Friedenskonsolidierung
    - Nach erfolgreicher Beendigung eines Konflikts
    - Neuen Konflikten die Grundlage entziehen:
    - Frühere Rebellen werden gesellschaftlich Integriert
    - Aufbau rechtsstaatlicher Strukturen
    - Achtung der Menschenrechte
    - Zulassung freier Medien
    - Wichtige Akteure für eine stabile Nachkriegsordnung werden koordiniert und deren Kräfte gebündelt

Die UN im Allgemeinen

- 193 Staaten sind Mitglieder
- Ziele: Weltfrieden und Internationale Sicherheit
- Freundschaftliche Beziehungen zwischen Nationen
- Gleichheitsgrundsatz
- Gewaltverzicht
- Beistandsverpflichtung im Einklang mit der UN-Charta
- Wahrung der Grund- und Menschenrechte
- Mitglieder müssen die Souveränität und politische Unabhängigkeit der Staaten achten

Wichtige Gremien der UN

- UN-Generalsekretär

- o Oberster Verwaltungsbeamter und Repräsentant
- o Gibt Empfehlungen, fungiert als Moderator
- o Wird für 5 Jahre gewählt, maximal 1 Wiederwahl
- Generalversammlung
  - o Diskussionsforum für Weltprobleme
  - o Jede Stimme ist gleichberechtigt
  - o Gibt Empfehlungen, keine bindenden Beschlüsse
  - o Entscheidet über Reformvorhaben innerhalb der UN
- Sicherheitsrat
  - o Hauptverantwortung für Wahrung des Weltfriedens
  - o Trifft verbindliche Entscheidungen
  - o Kann Sanktionen verhängen (z.b. Wirtschaftlich)
  - o Besteht aus 5 ständigen Mitgliedern
    - ▪ China, GB, Frankreich, Russland, USA
  - o Und 10 nicht ständigen Mitgliedern
  - o Für Beschlüsse ist die Versammlung von mindestens 9 Mitgliedern notwendig, darunter alle ständigen
  - o Vetorecht der ständigen Mitglieder

Responsibility to Protect

- Staat hat Verantwortung die eigene Bevölkerung zu schützen
- Andere Staaten dürfen sich in Angelegenheiten eines anderen Staates einmischen, wenn dieser eigene Bevölkerung nicht schützt
- Verantwortung zur Prävention
  - o Wirtschaftliche/politische Unterstützungsmaßnahmen, um Entstehung von Konflikten zu verhindern
- Verantwortung zu reagieren
  - o Falls Prävention unzureichend ist
  - o Eingriff um akute Gefährdung von Menschen abzuwenden
- Verantwortung zum Wiederaufbau nach der Kriegssituation
- Einsatz militärischer Gewalt ist an UN-Mandat gebunden

Die neue NATO-Strategie 2010

- Atommacht bleibt erhalten
- Für Sicherheit wird gesorgt
- Unterstützungspflicht für Partner
- Verhärtete Fronten werden versucht aufzuweichen
- Bedrohung durch Terrorismus angesprochen
  - o Aufgaben ändern sich, da keine konventionellen Kriege mehr
- Abwehrmechanismen gegen chemische, biologische, radiologische Waffen und Cyberangriffe
- Kernaufgabe: Wahrung der Freiheit und der Sicherheit der Mitgliedsstaaten
  - o Militärische und politische Mittel

Definition Imperium nach Münkler

- Vorherrschaft eines Staates
- Andere Staaten sind nicht gleichberechtigt, auch keine formale Gleichheit
- Ein Abhängigkeitsverhältnis entsteht

Definition Hegemon

- Vorherrschaft in einer Gruppe formal gleichberechtigter Akteure
- „Vorstufe zum Imperium"
- Aus Respekt vor den Anderen wird die Vormachtstellung nicht komplett ausgenutzt
- Der Hegemon dient und schützt die anderen
- Die Spitzenmacht entscheidet, ob sie als Hegemon oder Imperium wirkt
    - o Haben gleiche Machtposition
- Hegemon agiert nicht zu seinem Vorteil

Die Bundeswehr in Afghanistan

- Ziele der Bundeswehr
    - o Leitmotiv: „Übergabe in Verantwortung"
    - o Das Land soll lernen selbst für die eigene Sicherheit zu sorgen
    - o Schutz der dortigen Bevölkerung und Ausbildung dortiger Sicherheitskräfte
    - o Operationen laufen in 4 Phasen ab
        - Shape (Nachrichtengewinnung und Aufklärung)
        - Clear (Nehmen des Raumes)
        - Hold (Halten des Raumes)
        - Build (Gewährleistung der Sicherheit durch afghanische Sicherheitskräfte und ziviler Aufbau
    - o Die Bundeswehrsoldaten sind für die afghanischen Soldaten sowohl Mentoren als auch Partner
- Helfer in Uniform?
    - o Zivile und militärische Zusammenarbeit sind Bestandteile der militärischen Operationsführung
    - o Ziviles Lagebild wird erstellt und beraten den jeweiligen Kommandeur
    - o Bauen Netzwerke, knüpfen Verbindungen, sprechen mit lokalen Autoritäten und der Bevölkerung, werten Medien und das Internet aus
    - o Ideen für Maßnahmen und Projekte, die der Zivilbevölkerung helfen und der Truppe die Erfüllung ihres Auftrages erleichtern
    - o Projekte: Wiederaufbau, Rückkehr von Flüchtlingen, Verbesserung des Bildungssystems

Rolle der Bundeswehr im Rahmen der deutschen Außenpolitik

- Dient Deutschland dazu dem Frieden zu dienen
- Einsatz nur im Rahmen des Grundgesetzes
- Im Fall von Auseinandersetzungen zwischen Staaten tritt der Bund einem internationalen Schiedsgericht bei
- Dient dem Bund bei der Durchsetzung außenpolitischer Interessen

- Dient der gemeinsamen Bewältigung von Krisen mit andern Staaten
- NATO Verpflichtungen nachkommen
- Dient Handlungsfähigkeit Deutschlands
- Einsatz nur nach Okay des Parlaments
  - Parlamentsarmee – Bundestagsmandat nötig
- Im Verteidigungsfall Kanzler zuständig

Die Transformation der Bundeswehr

- Aussetzung der Wehrpflicht
- Einsätze auch außerhalb des NATO-Gebietes
- Armee im Gegensatz zur Zeit des Kaltes Krieges im Einsatz
- Verringerung der Truppenstärke
- Veränderung der Kommandostruktur

Dimensionen der Globalisierung

- Alle möglichen Teile werden für eine geringe Kostenersparnis oder weil es nur dort dieses Material gibt von fast allen Ecker der Welt geholt

Allgemeine Definition der Globalisierung

- Vernetzung und immer stärkere Bindung zwischen allen Ländern der Welt
  - Kultur, Politik und Gesellschaft

Merkmale der ökonomischen Globalisierung

- Es wird immer mehr Geld, auch in Schwellenländer investiert
- Welthandel steigt überproportional zur Weltwirtschaftsleistung (und der Bevölkerung)
- Amerika, Europa und Asien/Pazifik sind besonders im Handelskontakt mit anderen Regionen
- Grenzüberschreitender Handel von Geld, Waren, Dienstleistungen
- Enge Verflechtungen zwischen Volkswirtschaften

Ursachen der Globalisierung

- 1. Theorie:
  - Globalisierung Teil eines Modernisierungs- und Verwestlichungsprozesses
  - Globaler Übergang von traditionellen zu modernen Gesellschaften
  - Vollzieht sich relativ unabhängig zu politischen Entscheidungen
  - Triebfeder ist technologischer Fortschritt
  - Globalisierung vollzieht sich quasi „automatisch" mit
- 2. Theorie:
  - Staaten müssen zuerst Rahmenbedingungen schaffen
    - Globalisierung also kein Naturgesetz
  - Basiert auf idealisierter Idee der internationalen Beziehungen
  - Vernetzung der Märkte nicht ohne politisch gewollte Deregulierung möglich

Zyklen der Produktentwicklung

- Produkt durchläuft mehrere Phasen
  - Innovationsphase
  - Ausreifungsphase
  - Sättigungsphase
- Innovation findet in hoch entwickelten Industrieländern statt
- In Ausreifungsphase steigen Produktions- und Absatzzahlen
- Teile der Produktion lohnen sich ins Ausland zu verlagern
- In letzter Lebensphase Produkt ist standardisiert
  - Markt gesättigt
  - Entwicklungsländer stellen am günstigsten her
- Kleine Länder müssen sich dem Export öffnen
  - Damit sich günstige Massenproduktion lohnt

Klassische Außenhandelstheorie

- Vorzüge internationaler Arbeitsteilung
  - Man produziert nicht im eigenen Land, was man woanders günstiger kaufen kann
  - Jeder Staat sollte seinen Erwerb auf das Gebiet verlagern, in dem er besser als alle anderen ist
  - Günstige Waren anderer sollten mit dem Geld aus den Eigenerzeunissen gekauft werden, die man selbst am günstigsten herstellt
- Erweiterung der Theorie durch David Ricardo
  - Auch wenn ein Land mehrere Güter günstig herstellen kann, sollte es sich auf eins spezialisieren
    - Andere Produktsparte an ein anderes Land abgeben
    - Beide Länder profitieren

Neue Außenhandelstheorie

- Faktorproportionale Theorie
  - Internationaler Handel nicht durch Produktivitäts- sondern durch Faktorpreisrelationsunterschiede
  - Produktionskosten hängen von Preisen für Arbeit, Kapital und Boden ab
  - Produkte werden auf Stärken des Landes zugeschnitten
    - Z.B. Teppiche in Ländern mit vielen Arbeitskräften
- Dynamisches Modell (Produktlebenszyklustheorie)
  - Ausgangspunkt Betrachtung des Lebenszyklus eines neuen Produktes

Wirtschaftsstandort Deutschland

  - Sehr attraktiv
  - + Wichtiges Standort für Forschung und Entwicklung
  - + Ausgezeichnetes Verkehrsnetz
  - + Sehr gut ausgebildete Arbeitskräfte
  - + Großer Markt
  - + Gute Entwicklung von Handel und Gewerbe

- o + Hoher Lebensstandard
- o - Steuern und Gehaltskosten vergleichsweise hoch
- o - Geringere Wochenarbeitszeiten und mehr Feiertage
  - Geringere Arbeitsleistung
- o – Geringe Effizienz des Arbeitsmarktes

Wettbewerbsfähigkeit Deutschlands

- o Auf Rang 5 der Wettbewerbsfähigen Nationen
- o Risiken:
  - Unternehmen können wegen geringerer Kosten ins Ausland abwandern

Chancen der Globalisierung

- Niedrigere Lohnkosten durch Verlagerungen in Ausland
- Steuervorteile, da in manchen Ländern kaum Unternehmenssteuer
- Wohlstand steigt durch Verlagerung von Arbeit hierhin in Entwicklungsländern

Risiken der Globalisierung

- Produktionsstandort Deutschland wird geschwächt
  - o Woanders billiger
- Sinkender Konsum durch Verlust des Arbeitsplatzes
  - o Teufelskreis
- Unternehmen werden zu mächtig
  - o Können ganze Staaten kontrollieren

Ursachen für Unterentwicklung (Bezug auf Entwicklungsländer)

- Schwächen in der Binnenökonomie
- Nachteile in der Außenwirtschaft
- Risikotrends der Bevölkerungsentwicklung
- Politische Strukturschwächen

Risikotrends der Bevölkerungsentwicklung

- Starkes Bevölkerungswachstum und ungleiche Verteilung von Stadt zu Land
- Folgen
  - o Slumbildung
  - o Mangel an medizinischer Versorgung
    - Geringe Lebenserwartung
  - o Überforderung der Verwaltung in den Städten

Schwächen in der Binnenökonomie

- Geringes Bruttonationaleinkommen
- Extrem ungleiche Verteilung
- Unzureichende Infrastruktur
- Niedrige Bildung

- Hohe Arbeitslosigkeit
  - Durch Schwarzarbeit verdeckt
- Dominanz des Primären Sektors
- Unzureichende Ernährung
- Schlechtes außenwirtschaftliches Gleichgewicht
  - Export von Rohstoffen und Import von Fertigprodukten oder Maschinen

Politische Strukturschwächen

- Keine gute Regierungsführung
  - Defizite im verantwortlichen Handeln gegenüber Zivilgesellschaft
  - Keine Transparenz, Partizipation, Gerechtigkeit, Rechtstaatlichkeit, Achtung von Menschenrechten
- Teufelskreis der Armut
  - Keine wirtschaftlichen und sozialen Grundrechte
- Korruption
  - Sehr häufig in der 3. Welt
  - Sorgt für wachsende Vermögensungleichheit
  - Ökonomische Ausbeutung dritter Welt Staaten
- Gewaltsame Konflikte und hohe Militärausgaben
  - Leiden unter Kriegen
  - Instabilität guter Nährboden für Konflikte
  - Häufig hoher Teil des Haushaltes für Rüstung

Merkmale der außenwirtschaftlichen Beziehung der dritten Welt

1. Stark an Märkte der Industrieländer orientiert
2. Außenhandel von westlichen Industrieländern abgewickelt
   a. Bildung von Abhängigkeit zur westlichen Wirtschaftsentwicklung
   b. Bildung dualer Wirtschaftsstrukturen
      i. Kleiner moderner Exportsektor
      ii. Wie Fremdkörper in eigener Wirtschaft
3. Einseitiges Exportangebot
   a. Hoher Anteil mineralischer/agrarischer Rohstoffe
   b. Wenige halbfertige Waren und Industrieerzeugnisse
   c. Manche Länder bieten ausschließlich ein Produkt an
      i. Anfällig gegenüber Preisschwankungen
4. Verschlechterung der „Terms of Trade"
   a. Tauschverhältnis von Export zu Import Produkten verschlechtert sich zu Ungunsten der 3. Welt Länder
5. Hohe Auslandsverschuldung
   a. Detaillierter ist **Schuldendienstquote**
      i. Zeigt wie viel Prozent seiner Exporte ein Entwicklungsland zur Bedienung einer Schulden aufbringen muss

Ökologische Probleme der 3. Welt Länder

- Ähnliche Probleme wie Industrieländer
  - Folgeprobleme von Industrialisierung, chemiegestützter Landwirtschaft und Verstädterung
- Durch armutsbedingte Vernachlässigung von ökologischen Maßnahmen Verschärfung der Umweltprobleme
- Dritte Welt hat häufig sehr empfindliche, störanfällige Ökosysteme
- Agrarflächen werden entwertet
  - Durch Überweidung und Desertifikation, Abtragung fruchtbarer Erde, Versalzung des Bodens, Waldvernichtung zugunsten landwirtschaftlicher Nutzung und Waldschädigung
- Tropenwälder werden für Edelholzerzeugung und Brandrodung kaputt gemacht

Gewinner des Freihandels

- Spekulanten an der Börse
- International ausgerichtete Konzerne
  - Können Möglichkeiten des Freihandels ausnutzen
- Konsument
  - Gewinnt aber weniger als Arbeitnehmer verliert

Verlierer des Freihandels

- Arme Verbraucher (z.B. in Indonesien)
  - Müssen nun Weltmarktpreise für eigene Lebensmittel zahlen
    - Häufig höher
    - Sind Weltmarkt schutzlos ausgeliefert
- Beschäftigte (z.B. in den USA)
  - Lohnverluste
  - Arbeitsplatzverluste

Zielsetzung der WTO

- Handelshemmnisse abbauen
- Handelsvorteile allen Mitgliedern zugutekommen zu lassen
- Welthandel regeln

Prinzipien der WTO

- Liberalisierung des Welthandels
- Verhinderung der Diskriminierung anderer WTO-Mitgliedsstaaten
  - Dürfen als Handelspartner nicht schlechter gestellt werden
- Einem Handelspartner gewährte Vergünstigungen müssen jedem anderen WTO-Mitglied auch gemacht werden
- Inländerprinzip: Ausländische Waren und Anbieter dürfen nicht schlechter gestellt werden als inländische
  - Rechtsvorschriften dürfen auch auf ausländische Produkte angewendet werden

- o Dürfen aber nicht strenger sein als für Einheimische
- Abbau von Zöllen und Handelshemmnissen
    - o Bestehende Zölle sollen nicht erhöht werden

Rolle der Entwicklungsländer in der WTO

- Waren der Entwicklungsländer haben häufig keine Chance gegen Waren aus Industriestaaten
- Betreiben bei WTO nur Schadenbegrenzung
- Freihandel nützt nur konkurrenzfähigen Staaten
    - ▪ Arme Entwicklungsländer weit entfernt hiervon
- Entwicklungsländer und deren Niedriglohnarbeiter sind Verlierer der Globalisierung
- Entwicklungsländer haben schlechte Verhandlungskompetenz
- Leiden unter subventionierter Landwirtschaft

Freihandelsabkommen TTIP

- Abbau von Zöllen
- Gegenseitige Anerkennung von Vorschriften
    - o Vereinheitlichung von Standards
- Private Schiedsgerichte
    - o Unternehmen können Staaten verklagen
- Investorenschutz
- Tarifäre und Nichttarifäre Handelshemmnisse abbauen

Tarifäre Handelshemmnisse

- Zölle bewirken Diese
- Konsum an Importgut sinkt
- Staat erzielt zwar Zolleinnahmen und inländische Produzenten verkaufen mehr
    - o Wird allerdings durch inländische Konsumenten finanziert
- Zusätzlich Wohlfahrtsverlust durch ineffiziente Produktion

Nicht tarifäre Handelshemmnisse

- Importierendes Land vereinbart mit Exportierendem eine maximale Gütermenge, die es in das Land exportiert
- Subventionen verändern Kosten der inländischen Produzenten
    - ◦ Verzerrung der Produktionskosten
        - ▪ Zahlen muss der Verbraucher
- Produkte, die im Ausland billiger produziert werden können, werden zum Schutz der eigenen Waren mit einem höheren Verkaufspreis im Inland belegt

Streikrecht

- Gestreikt werden darf nur wenn alter Tarifvertrag abgelaufen ist
- 75% müssen Streik zustimmen
- Zeitpunkt muss festgelegt und angekündigt sein
- Gewerkschaften zahlen Gehälter während des Streiks

- Bei 25% Zustimmung zum neuen Tarifvertrag wird Streik beendet
- Wilde Streiks
  - Nicht organisiert von der Gewerkschaft
  - Können Folgen für Arbeitnehmer haben

Mindestlohn

- Bei Landwirtschaftsjobs haben früher 44% der Arbeiter unter 8,50€ verdient
  - Gastwirtschaft 36%
  - Versicherungsgewerbe 7%
- Klassisches Billiglohngewerbe
  - Fleischverarbeitung
  - Taxigewerbe
- Ausnahmen vom Mindestlohn
  - Personen unter 18 Jahren
  - Leute, die länger als 1 Jahr arbeitslos waren
- Befürchtungen bei Einführung
  - Verlust von Arbeitsplätzen
    - Unternehmen kürzen Stellen um Kosten zu sparen

Wahl des Bundespräsidenten

- Von der Bundesversammlung gewählt
  - Besteht aus Mitgliedern des Bundestages und von den Länderparlamenten gewählt wurden (auch ganz normale Personen)
- Für 5 Jahre
- Jeder Deutsche über 40 Jahre kann antreten

Aufgaben des Bundespräsidenten

- Vertritt Deutschland gegenüber dem Ausland
- Abschluss von Verträgen mit anderen Ländern
- Genehmigung von Gesetzen
- Begnadigung von Gefangenen

Wahl des Bundestages

- Besteht aus 598 Abgeordneten (Davon 299 direkt gewählt)
  - Direkte stellen sich als Direktkandidaten zur Wahl
- Erststimme ist für einen Kandidaten, der in den Bundestag ziehen soll
  - So sollen alle Regionen repräsentiert werden
- Zweitstimme für eine im Bundesland zugelassene Partei
  - Anzahl der Zweitstimmen entscheiden wie viele Sitze eine Partei im Bundestag bekommt
  - Mindestens 5% der Zweitstimmen nötig für Einzug in Bundestag
- Alle 4 Jahre gewählt
- Kanzler von Abgeordneten gewählt

International Criminal Court (ICC) – Internationaler Strafgerichtshof

- Verhandelt über Menschenrechtsverletzungen, die Individuen zur Last gelegt werden
- Unabhängiges internationales Gericht
- Grundsätze (Rom Statut)
  - Verurteilungen von Personen beruhend auf Kernverbrechen
    - Schwere Verletzung der Menschenrechte
    - Völkermord
    - Systematische Vergewaltigung
    - Vertreibungen
    - Folter
    - Angriffe gegen Zivilbevölkerung
- Ergänzt und unterstützt nationale Gerichte, falls diese nicht in der Lage sind, die genannten Verbrecher zu bestrafen
- Zuständigkeit des ICC
  - Wenn der betreffende Staat das Rom Statut ratifiziert hat
  - Wenn der Staat dessen Staatsangehörigkeit der Täter hat das Rom Statut ratifiziert hat
- Von 124 Staaten anerkannt (Nicht China, Indien, Russland und USA)
- Arbeitsweise
  - Vertragsstaaten können Untersuchung eines Verbrechens beantragen
  - Überprüfung der Anschuldigung über die Behörde des Anklägers
  - Verhöre; Zeugen befragt; Angeklagter wird zur Aussage geladen
  - Hauptverfahrenskammer: Angeklagter muss anwesend sein, dann wird über Strafe oder Freispruch verhandelt
  - Strafe; Berufung möglich, Mögliche Aufhebung durch Berufungskammer

Nützt die Globalisierung den Entwicklungsländern?

- Afrika müsste es viel besser gehen, würde ihnen die Globalisierung wirklich nützen
- Ausbeutungspolitik der internationalen Konzerne fördert Korruption und Armut
- Entwicklungsländer müssten langsam in den Weltmarkt integriert werden und lange speziellen Schutz haben

Verteilungsnormen

- Forderung nach gerechter Verteilung häufig ungenau
  - Schwierig verteilungspolitische Ziele zu konkretisieren und definieren
- 3 verschiedene Verteilungsnormen
  - Leistungsprinzip
    - „Gleiche Einkommen für gleiche Arbeit"
    - Setzt umfassendes Leistungsbewertungssystem voraus
    - Prinzip bezieht sich auf marktwirtschaftliche Leistung
      - Entspricht dem Einkommen, das man in der freien Marktwirtschaft verdient
        - Häufig Rechtfertigung für bestehende Einkommensunterschiede
    - Prinzip nützt leistungsfähigen Menschen

- Erwerbslosen würde es schlecht gehen
  - Bedarfsprinzip
    - Einkommen ist gerecht, wenn jeder Mensch seinen Bedarf decken kann
    - Extremes Bedarfsprinzip
      - Jeder bekommt soviel, wie er braucht
        - Nicht realistisch, da alle Güter bald verbraucht wären
    - Milderung von Leistungsanreize
    - Konfliktbeziehung zu Leistungsbilanz
    - Bedürftigen muss Existenzminimum gewährleistet werden
  - Egalitätsprinzip
    - Absolute Gleichheit aller Einkommen
    - Ungerecht
      - Fleißige und Faule werden gleich bezahlt
    - Gleicher Lohn für ungleiche Arbeite
    - Aspekt der Chancengleichheit
      - Ablehnung immobiler Gesellschaft
    - Forderung nach gleichen materialistischen Verhältnissen unrealistisch
    - Verlust an Leistungsanreizen